Ce carnet appartient à :

....

Un caméléon.

1.Vert clair - 2.Jaune - 3.Rouge. - 4.Vert foncé

Une girafe.

1.Jaune - 2.Marron - 3.Noir.

Un koala.

1.Gris 2. Marron 3.Vert.

Un singe.

1.Orange clair - 2. Rose - 3.Marron.

Un kangourou.

1.Marron foncé. 2. Noir. 3.Marron clair. 4.Rose.

Un toucan.

1.Noir   2.Jaune   3.Orange clair
4.Vert   5.Marron.

Un éléphant.

1. Gris 2. Blanc 3. Rose

Un tigre.

1.Marron 2. Noir 3.Rose

Un lion.

1.Orange 2. Jaune 3.Rose

Une abeille.

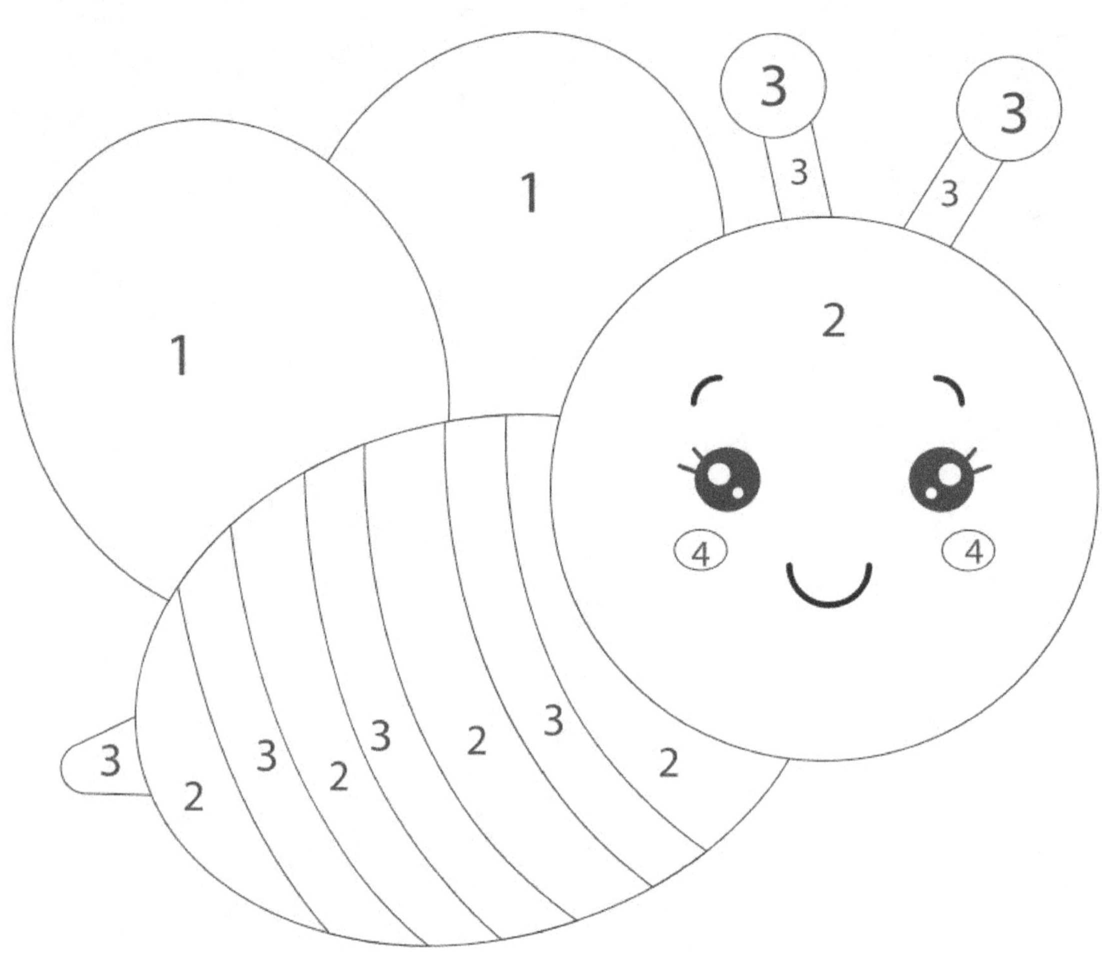

1.Bleu 2.Jaune 3.Noir 4.Rose

Une tortue.

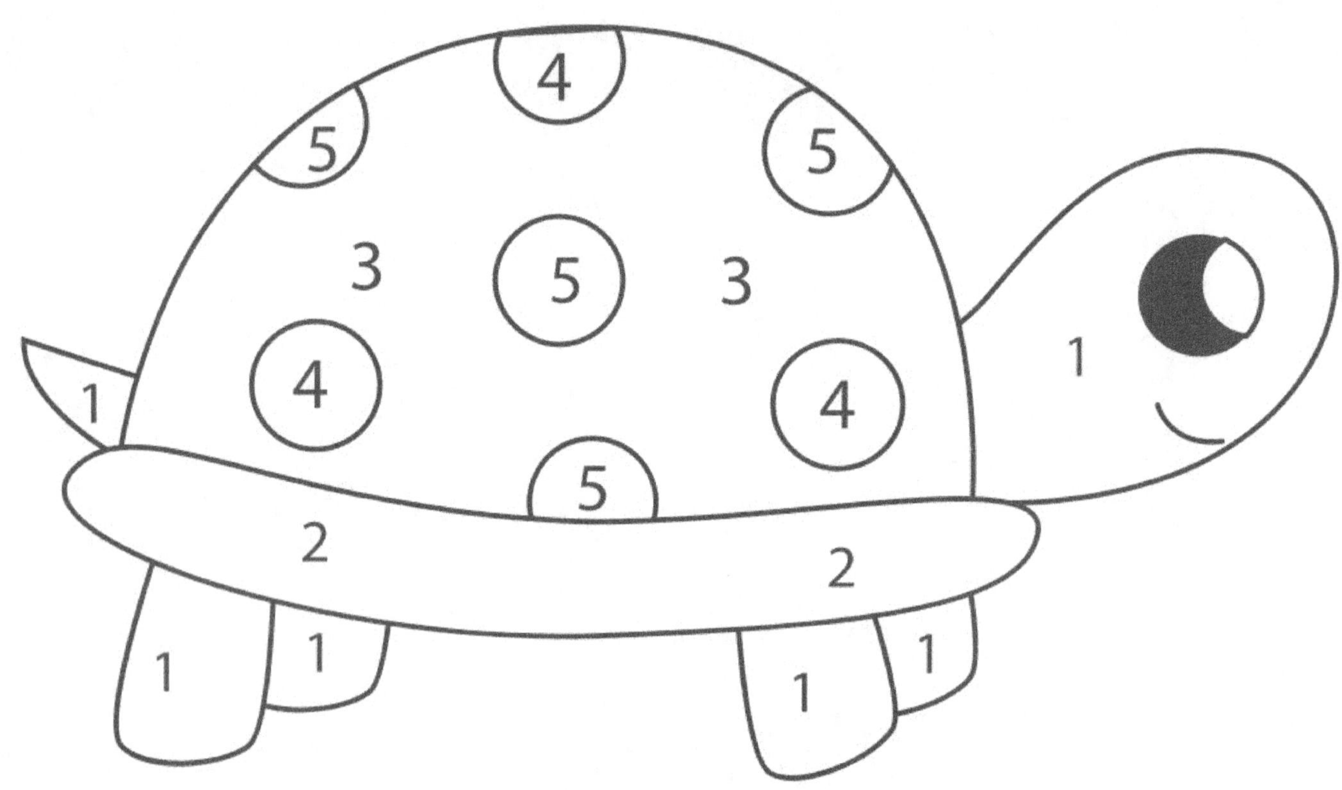

1.Vert 2.Marron 3.Orange

4.Jaune 5.Rouge

Une grenouille.

1.Vert foncé. 2. Vert clair 3.Jaune.

Un chien.

1.Marron foncé   2.Marron clair 3. Noir

Des chats.

A toi de proposer un code couleur:

Un hibou.

1.Marron foncé. 2. Jaune   3.Marron clair

Un lapin.

1.Bleu 2.Jaune 3.Orange

4.Vert 5.Rose

Un canard.

1.Jaune 2.Orange 3.Rouge

Une vache.

1.Noir 2.Marron 3.Beige clair 4.Rose

Un cochon.

1.Rose foncé   2.Rose clair

Un cheval.

1.Marron clair   2.Beige

3.Marron foncé

4.Noir

Une pieuvre.

1.Violet foncé   2.Violet clair   3.Rouge

Un poisson.

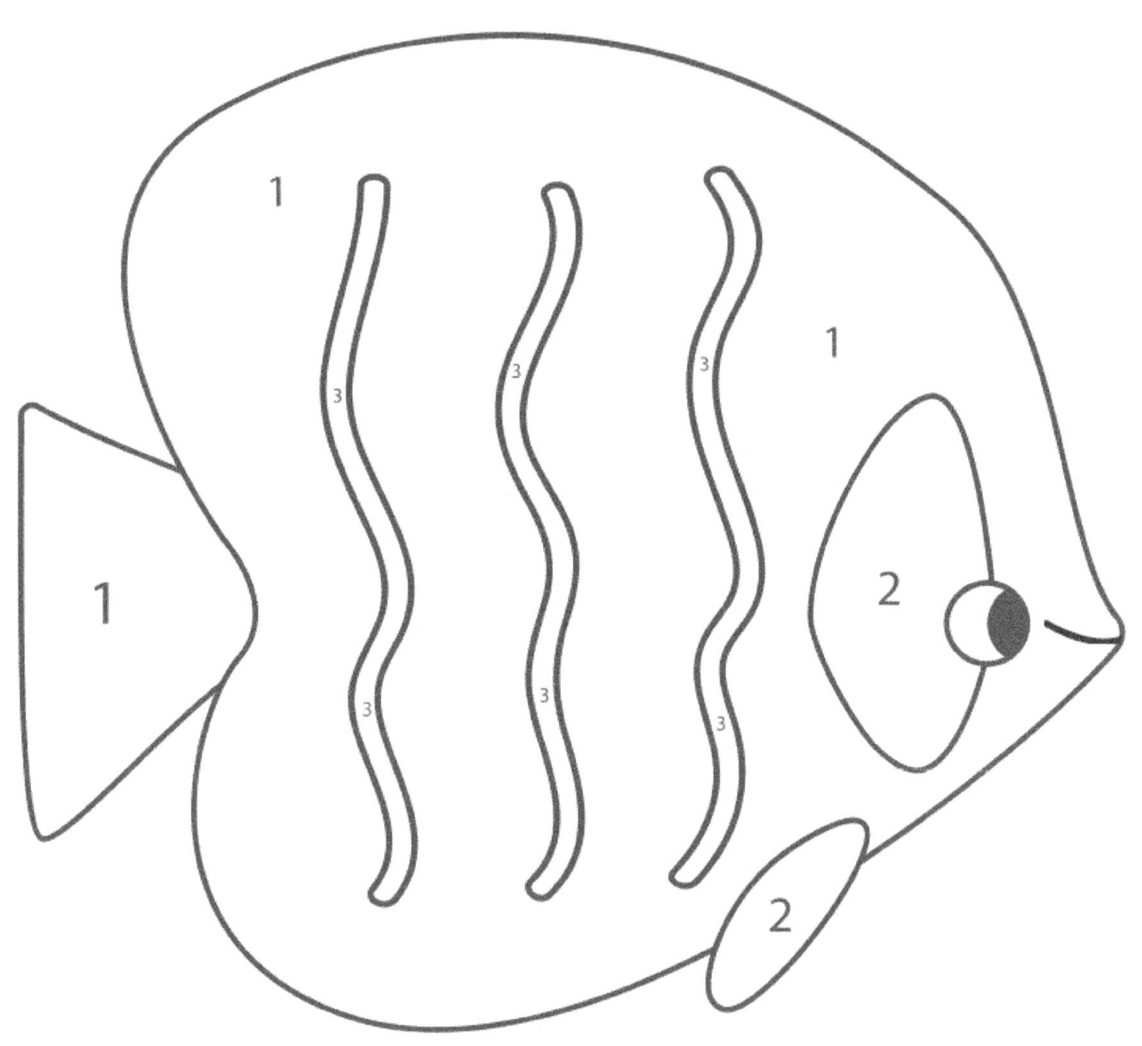

1.Jaune   2.Bleu foncé   3.Marron

Un narval.

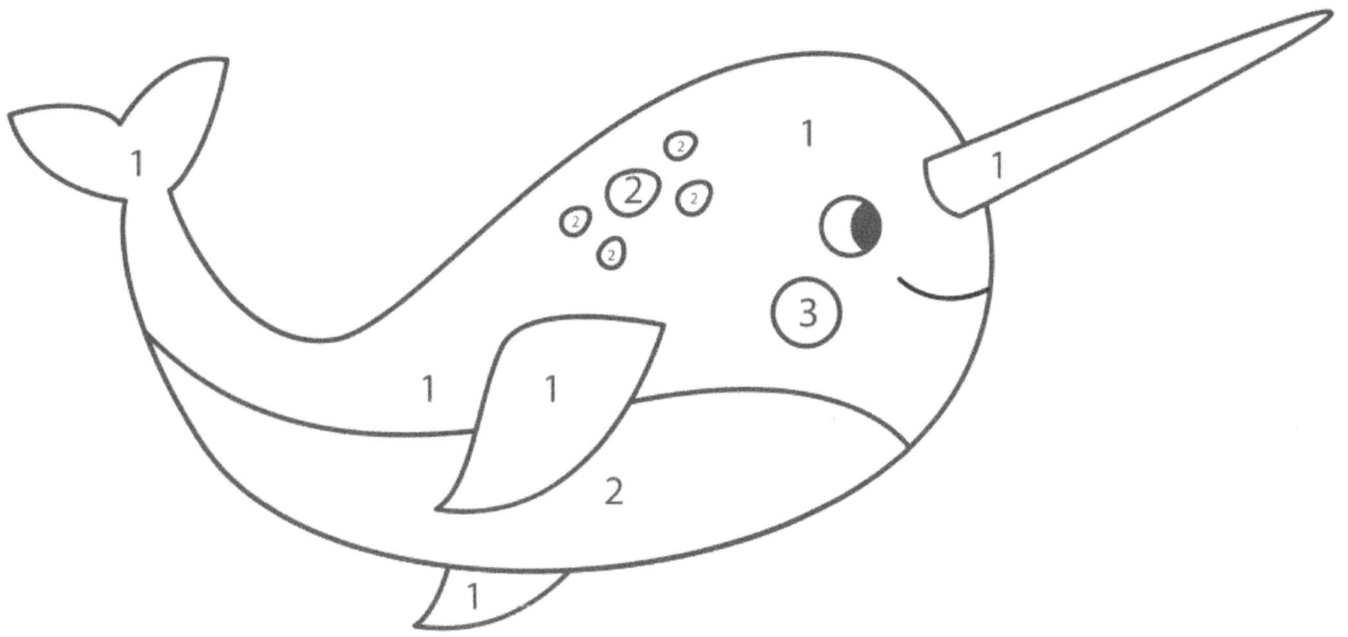

1.Bleu foncé   2.Bleu clair 3.Rose

À bientôt .

1.Bleu foncé 2.Rouge 3.Vert clair

4.Vert foncé. 5.Bleu clair

Dans la même collection

www.ingramcontent.com/pod-product-compliance
Lightning Source LLC
Chambersburg PA
CBHW080815170726
48000CB00020B/3078